Jafeth Mariani

Du bist pure Freiheit

AF176138

Du bist pure Freiheit

Jafeth Mariani

Metaphern und spirituelle Übungen
um sich sofort besser zu fühlen

Zeichnungen: Jafeth Mariani

Herstellung und Verlag:
BoD – Books on Demand, Norderstedt

Bibliografische Information der Deutschen
Nationalbibliothek:

Die Deutsche Nationalbibliothek verzeichnet
diese Publikation in der Deutschen
Nationalbibliografie; detaillierte
bibliografische Daten sind im Internet über
http://dnb.dnb.de abrufbar.

ISBN: 978-3-7557-5747-4

Gewidmet für:

Dich

Wenn du dieses Buch gelesen hast, wirst du
kein anderer oder besserer Mensch sein.
Sondern du wirst noch mehr DU selbst sein,
dass DU, dass du schon immer sein wolltest,
dass DU, dass du schon immer warst:
dein wahres
freies und bedingungsloses

ICH.

Du wirst nicht zu einer Art "Zombie", der in all dem, was du erlebst, ruhig oder teilnahmslos bleiben kannst, wie in einem Zustand ständiger Meditation.

Sondern du wirst jeden Tag deines Lebens genießen können, in der Lage sein, jede Aktivität auszuführen, jede Emotion zu erleben, die dir das Leben gibt ... glorreiche Tage sowie Tage der Unruhe ...

...aber auf einer realeren, intensiveren Weise, denn innerlich wirst du immer noch die Gewissheit haben, dass

alles, was du erlebst, <u>nicht</u> dazu da ist, um dich zu zerstören.

Es ist da, um dich daran zu erinnern:

du bist... LEBEN.

Wer bist du?

Du entdeckst es nur, indem du erkennst und loslässt, was du nicht bist.

Das Leben konfrontiert dich mit Einigem, damit du all das herausfilterst, was du nicht mehr brauchst.

Was du nicht bist

Denk für einen Moment darüber nach, was du gerade erlebt hast, bevor du mit dem Lesen dieses Buches begonnen hast. Vor einigen Minuten.

Dann überlege, was du heute, später, wenn du aufhören wirst zu lesen, machen wirst. Vielleicht hast du konkrete Pläne, vielleicht auch nicht ... das spielt jetzt keine Rolle.

Konzentriere dich nun jetzt auf das, was jetzt ist, in diesem Moment: du liest diese Wörter... vielleicht hörst du Geräusche um dich herum ... du spürst die Temperatur im Raum und die Empfindungen deines Körpers.

Fühle deinen Atem. Wenn du kannst, atme ein paar Mal tiefer als sonst.

Wenn du möchtest, kannst du dich umschauen, um den Raum oder den Ort zu beobachten, indem du dich gerade befindest.

Tue es, ohne zu urteilen. Wenn du ein Urteil in dir spürst (Beispiel "die Wandfarbe gefällt mir nicht"), beobachte auch dieses Urteil aus der Distanz des Bewusstseins in dir.

Als ob DU nur ein Zeuge wärst, von all dem, was du gerade wahrnimmst.

Vielleicht kannst du auch die Gedanken in deinem Kopf wahrnehmen, die gerade entstehen.

Du nimmst nicht nur Dinge wahr, die um dich herum passieren, sondern auch in dir selbst.

Während du all dies "beobachtest" oder "fühlst", gibt es zwei Welten:

1) DU

2) die Dinge, die du "beobachtest".

DU bist nicht die Dinge, die du beobachtest, du bist viel mehr das Bewusstsein, das diese Dinge „beobachtet".

Stattdessen neigen wir im Allgemeinen dazu, uns mit diesen „Dingen" zu identifizieren: Gedanken, Emotionen, Körper.

Diese wären nicht da, wenn DU sie nicht wahrnehmen würdest. Wenn DU sie nicht "beobachten" könntest. Wenn DU nicht existieren würdest.

DU: ist dieses Bewusstsein, reines Leben.

DU bist LEBEN.

Du bist nicht die Vergangenheit oder die Zukunft

Wenn du nicht zu den Menschen gehörst, die Angst vor dem Fliegen in einem Flugzeug haben, kann dir diese Metapher vielleicht helfen.

Stell dir vor, du fährst zum Flughafen und du musst zwei Koffer abstellen, bevor du in das Flugzeug einsteigst. Ein Koffer ist voller Vergangenheit, einer vollen Zukunft. Gedanken und Ereignisse, die eingetreten sind oder die man sich vorstellen könnte. Lass sie dort und steig ins Flugzeug.

Im Flugzeug bist du in der Gegenwart, du wirst von einem Punkt zum anderen gebracht ... aber du machst dir keine Sorgen, du lässt dich von hier nach da fliegen.

Es gibt im Jetzt keine Vergangenheit und Zukunft, du kannst beide für einen Moment loslassen.

Du bist nicht süchtig nach der Vergangenheit und musst dir keine Sorgen um die Notwendigkeiten der Zukunft machen, jetzt.

Nur du bist jetzt wichtig. Du bist am Leben. Durchatmen. Du bist hier. Nur das zählt jetzt.

Später bekommst du vielleicht die Koffer zurück, aber jetzt fliegst du erstmal.

Wenn du die Koffer wieder bekommst, fühlen sie sich leichter an, als ob etwas während des Fluges verloren gegangen ist, was du nicht mehr brauchst.

Du bist nicht allein

Ob zu Hause, unterwegs oder eingesperrt in einem Gefängnis:

DU bist immer bei dir.
DU hast dich nicht allein gelassen.

Mit "DU" meine ich reines Bewusstsein des Lebens. Du bist ein Ausdruck des Lebens.

Du bist nicht zwischen hier und dort.
Zwischen Vergangenheit und Zukunft.
Zwischen Sicherheit und Unbekanntem.

<u>Du bist.</u>

Jenseits von Orten und Zeiten.

Du lebst. Du atmest. Jeden Tag, wenn du aufwächst. Aber auch während du schläfst.

Du bist der Raum zwischen all diesen scheinbar unterschiedlichen und oft gegensätzlichen Elementen. Und du bist der Raum, in dem diese Elemente sich zeigen können.

Das Unbekannte, das Neue, wird das Alte von übermorgen sein.

Aber du bist hier, egal ob gestern, heute oder morgen.

Du atmest unabhängig davon, ob etwas bekannt oder unbekannt ist.

Du bist kein Sklave der Gedanken

Du bist nicht die Worte, die du liest.
Du liest sie, aber du bist nicht: die Worte.
Sie können etwas in dir beeinflussen, wenn du
das zulässt, aber du bist kein Sklave von ihnen
oder dessen Bedeutung und auch nicht deiner
Interpretation davon.

Du fühlst die Temperatur, sie kann deine
Stimmung beeinflussen, aber du bist nicht die
Temperatur. Du kannst dich anpassen, aber
du könntest auch woanders sein, woanders
hinfliegen, die Temperatur ändern.

Du bist nicht deine Laune, die sich ständig
ändert.

Du bist nicht einmal deine Gedanken. Auch
wenn sie in deinem Kopf geboren zu sein
scheinen. Sie erscheinen, aber du musst sie
nicht glauben, auch wenn sie dich
heruntermachen oder heraufeben sollten.

Du bist nicht dein Verstand, dein Verstand ist zu deinen Diensten.

Gedanken sind das Ergebnis vieler Dinge, die du gelernt hast. Sie sind nicht du. Sie sind Informationen.

Diese Informationen können im Alltag nützlich sein. Es ist wichtig zu denken, um zu Dinge zu ändern oder zu planen ...

Aber Gedanken können dich auch blockieren, abschrecken oder zu Handlungen führen, die du vielleicht bereuen könntest.

Gedanken sind Strukturen, Konzepte, Beschreibungen von Dingen, die von den Menschen um dich herum zu dir gekommen sind. Von deinen Eltern, von den Leuten, mit denen du ausgegangen bist, von den Filmen und Werbespots, die du gesehen hast, von den Büchern, die du gelesen hast.

Vielleicht sogar Gedanken, die du im Laufe der Zeit aufgebaut hast, Ideen, die du selbst gemacht oder verändert hast.

Aber dennoch sind es nur Gedanken: die Art und Weise, wie dein Gehirn kommuniziert. Wie die Herzschläge die Art und Weise sind, wie das Herz kommuniziert. Du bist nicht dein Herz. Das Herz ist ein Teil von dir. Von deinem Körper. Du bist nicht nur dein Körper.

Das Gehirn ist ein Organ, das dir zur Verfügung steht, aber du bist mehr als dein Gehirn.

Du kannst positive, negative oder neutrale Gedanken haben. Sie sind wie Wolken, die dunkel oder hell sind und wenn sie kommen,

genauso können sie wieder vorüberziehen.

Sie verwandeln sich, sie ändern die Farbe, sie sind nicht stabil. Sie sind NIE gleich.

Die Art und Weise, wie du vor Jahren über Dinge oder Menschen dachtest, hat sich geändert. Was du heute denkst, wird morgen ein bisschen anders sein und wer weiß wie es in ein paar Jahren ist.

Gedanken ändern sich wie Wolken, aber nicht dein Bewusstsein – dein Wahrnehmen, dass du Gedanken hast, bleibt neutral und konstant.

Du bist dir deines Bewusstseins oft nicht bewusst und deine Gedanken lenken dich.

Lerne, sich der Veränderung von Dingen/Launen/Gedanken/Gefühlen bewusst zu sein, ohne dich mit ihnen zu identifizieren.

Während du diese Worte liest, entspannst du dich immer mehr, weil du dich von der Sucht der Gedanken entfernen kannst.

Du gehst immer tiefer zu dir selbst.

Du näherst dich deinem wahren Selbst, dem freiesten Teil in dir.

Du bist wie der Himmel, der die Wolken beobachtet.

Kann sich der Himmel jemals Sorgen um eine Wolke machen, egal wie dunkel und bedrohlich sie ist?

Lass diese Züge fahren

Deine Gedanken sind wie Züge in einem
Bahnhof ...
Stell dir vor, du stehst in einem Bahnhof und
siehst die Züge ankommen und abfahren.

Manche ziehen Ihre Aufmerksamkeit mehr
auf sich, sie möchten dich dorthin bringen,
wo du schon immer hin wolltest – andere sind
wie deine Gewohnheiten, die gleichen Wege
wie immer...

Manche versprechen Glück. Manche
verursachen Angst. Sie bringen in dunkle
Orte.

Andere stehen still, müssen repariert werden
oder warten auf neue Lösungen.

Tue für einen Moment nichts – wähle keinen
Zug aus.

Lass dich nicht von dem Stress mitreißen, keine Gelegenheit verpassen zu wollen.

Du kannst jetzt nichts verlieren, du kannst dich nicht verpassen, DU bist hier und nimmst alles wahr.

Du kannst den Zug nicht verpassen, der dich zu dir selbst bringt.

Denn du BIST... vor, während und nach jeder möglichen Erfahrung.

Du brauchst diesen oder jenen anderen Zug nicht.

Du bist schon angekommen.

Hier und wo immer du auch sein wirst, du bist **dein wahres Zuhause**.

Du bist nicht auf der Achterbahn

Deine Gedanken und Probleme befinden sich auf einer Achterbahn.

Lass sie kurz los und steige aus der Achterbahn aus.

DU bist nicht deine Gedanken, du bist nicht deine Probleme.

Geh jetzt einfach weiter und weiter...

In der Ferne hörst du immer noch dieses Geräusch, und du weißt, dass du jeden Moment dorthin zurückkehren könntest, zu der Achterbahn,

aber jetzt musst du nicht dahin.

Hinter dir sind deine Gedanken vielleicht noch auf der Achterbahn.

DU hast den richtigen Abstand.

DU bist nicht diese Emotionen. Dein Leben ist keine Achterbahn.

Wenn du diese Emotionen sein willst, kannst du sie jederzeit sein.

Dann kannst du wieder in die Achterbahn einsteigen.

Wir sind so daran gewöhnt, unser Leben (wie diese Achterbahn) zu beschreiben, in Höhen und Tiefen, in ständig sich verändernden Umständen.

Wenn du aber für einen Moment aussteigst und irgendwann wieder einsteigen willst, kannst du diese Emotionen wieder erleben, aber diesmal noch bewusster und vielleicht noch intensiver.

Wenn du weinen musst, weine. Wenn du lachen musst, lache.

Manchmal ist es notwendig zu schreien.

Manchmal ist es notwendig, sich selbst zu verteidigen oder diejenigen zu verteidigen, die man liebt.

Das Gute daran, ... **du wirst nicht ewig in einer dieser Emotionen gefangen sein.**

Zu bestimmten Zeiten ist es vielleicht richtig, wenn man vielleicht Wut empfindet, aber du bist nicht gezwungen, in dieser Wut zu bleiben.

Je weniger du dich gezwungen fühlst, dich mit einem vorübergehenden Gefühl zu identifizieren, desto besser kannst du dieses Gefühl in etwas Funktionelles umwandeln.

Du weißt dann besser, wie du in schwierigen Zeiten die beste Wahl treffen kannst.

Du bist nicht die Wellen des Meeres

Probleme und Unsicherheiten, Neuigkeiten aber auch deine Gedanken sind wie die Wellen des Meeres. Du kannst nicht verhindern, dass sie kommen und gehen. Genauso wie sie kommen, genauso gehen sie.

Stell dir vor, **DU** bist am Strand und beobachtest sie aus einer solchen Entfernung, dass du in Ruhe entscheiden kannst, ob du sie nur beobachtest oder ob du schwimmen gehen möchtest.

Du musst jetzt nichts tun.

Du kannst beobachten, wie der Wind weht. Du kannst beobachten, wie sich die Wellen hoch oder niedrig, schnell oder langsam bewegen.

Was auch immer die Wellen tun:

in den Tiefen des Meeres oder von einem Punkt am Strand aus ist Ruhe garantiert. Die Tiefsee ist nicht von Wellen und Wind abhängig. Ganz tief unter den ganzen Wellen herrscht friedliche Stille.

Wenn du schaffst, Dir vorzustellen, genau dort hinzukommen, wirst du feststellen, dass diese ganze Unruhe nur an der Oberfläche ist, **während du im tiefen Inneren die Ruhe selbst bist.**

Die Zeit wird auch kommen, um zu schwimmen und das Meer zu genießen.

Vielleicht wird es eine Zeit geben, in der jemand vor den Wellen gerettet werden muss.

DU WEISST DANN, wann es Zeit zu handeln ist.

Du bist nicht das Urteil

Du bist die Ruhe, die die Unruhe betrachtet. Diese Ruhe ist das reine Bewusstsein in dir.

Dieses Bewusstsein, das bereit ist, alles zu beobachten, ist neutral.

Wahrscheinlich konntest du schon im Mutterleib spüren, ob es warm oder kalt, hell oder dunkel, laut oder leise, gute Stimmung oder schlechte Stimmung war...

Du hast zumindest da angefangen Informationen zu sammeln über Gegensätze

Dieses Bewusstsein, das zunächst nicht in der Lage ist, zu erklären und zu benennen, ist neutral.
Das Ungeborene und später das Baby lernt alles und das Gegenteil von allem durch das reine Wahrnehmen.

Erst später entwickeln wir Urteilsvermögen, „zu kalt", „zu wenig Licht" und so weiter.

Ein Teil in dir, der tiefer ist als der Rest, beobachtet also ohne Urteil den Teil in dir, der urteilt.

Du bist nicht das Urteil. Denn alles, was du beobachten kannst, bist nicht du.

Du bist der Beobachter. Du bist dieses Bewusstsein.

Das Urteil kann sich ändern. Der Beobachter bleibt neutral und unabhängig von jeder Laune.

Dein Bewusstsein bleibt neutral.

Dein wahres ICH bleibt

u n a b h ä n g i g .

Du bist nicht diese alte Information

In dir ist es wie in einer Bibliothek. Manche Bücher sind noch gut, sie haben noch nützliche Informationen, andere weniger, andere Bücher sind einfach veraltet.

Dein Unterbewusstsein ist wie eine Bibliothekarin, die genau weiß, wo sie die Bücher oder Informationen findet.

Einige alte Bücher, in denen man zum Beispiel sprechen, essen, laufen lernte, funktionieren immer noch gut.

Andere musstest du lesen, um etwas zu wissen - sie hatten damals einen Zweck - aber jetzt können diese Bücher in eine spezielle Vitrine oder in eine Ecke der Bibliothek gestellt oder einfach entsorgt werden. Sie werden nicht mehr benötigt, sie helfen nicht mehr oder nur noch teilweise.

Es gibt neue Nachrichten, Updates, Updates, die gemacht werden, während du dich entspannst.

Deine perfekte Bibliothekarin weiß genau, welche Informationen du loswerden kannst, welche du updaten kannst, welche du verwandeln kannst. Und das macht sie für dich.

Sag einfach deinem Unterbewusstsein (also deiner eigenen Bibliothekarin), was das Thema ist und während du dich entspannst, korrigiert dein Unterbewusstsein einige Informationen.

Vertraue ihr.

Du bist nicht deine Fehler

Stell dir vor, ein kleines Mädchen ist in einen Brunnen gestürzt und kann sich kaum noch festhalten, und droht tief zu fallen.

Um da herauszukommen, muss jemand, der ihr helfen will, die Hand geben, obwohl sie vielleicht dabei verletzt werden könnte ... sonst stürzt sie und stirbt. In diesem Moment ist das kleine Mädchen bereit, alles zu tun, um herauszukommen.

Ebenso hast du von klein an Dinge erlebt, die dich überfordert haben, Situationen, die zu schwer waren für das Kind, das du warst.

Und dann hast du dich entschieden, Hilfe anzunehmen, auch wenn es nicht genau das war, was du wolltest, nur um aus diesem Gefühl oder dieser Situation herauszukommen.

Um zu bekommen, was du als Kind gebraucht hättest, hast du damals womöglich Verletzungen akzeptiert, auch wenn diese schädlich für dich waren.

In deinem Leben hat sich dieses Muster vielleicht immer mal wiederholt.

Du brauchst wahre Liebe, aber um sie für einen Moment zu spüren, überschreitest du manchmal Grenzen, die du nicht überschreiten möchtest.

Jetzt nicht mehr.

Du musst diese Erfahrung nicht immer wiederholen.

Schauen wir uns an, was dein wahrer Wunsch ist und welche Grenzen du nicht überschreiten möchtest.

Hier ist eine Hand, die dich nicht kratzt.

Deine erwachsene Hand, die das kleine Kind von damals in dir rettet.

Vielleicht erinnerst du dich noch daran, wie du als Kind Spaß daran hattest, einen Ball voller Luft unter Wasser zu drücken. Und du hast versucht, ihn so fest wie möglich unten zu halten ... aber irgendwann kam er von selbst wieder kraftvoll nach oben.

Das gleiche passiert heute mit deinem Bedürfnis oder deinem Wunsch, alles zu kontrollieren, sogar deine Emotionen.

Du hast sicherlich deine legitimen Gründe, deine Emotionen begraben zu wollen oder zu kontrollieren, um dich zu schützen.

Aber irgendwann springen sie von allein wieder nach oben und du kannst diesen Moment zu oft nicht kontrollieren.

Lebe nicht in dem Versuch zu kontrollieren, dass Emotionen nicht zurückkommen, hilf dir selbst oder hol dir Hilfe, sie zu verstehen, bevor sich dieser Versuch der Kontrolle auf all deine Handlungen und wertvollen Beziehungen ausdehnt, die du hast.

Oft treffen wir Menschen, die sich nicht mehr für neue Möglichkeiten, neue Liebe, neue Perspektiven öffnen können, weil sie immer wieder in ihre alten Routinen eintauchen, damit der verdrängte Schmerz nicht wiederkehrt.

Aber der Schmerz ist wie Hefe, er wächst hinter dieser verschlossenen Tür und dehnt sich unverhältnismäßig aus.

Schmerzen können nur überwunden werden, wenn sie rechtzeitig in dem für dich am besten geeigneten Maße gehört und gesund gepflegt werden.

Du bist nicht der Rucksack, den du trägst

Stell dir für einen Moment vor, dass du für ein paar Minuten den Rucksack voller Steine fallen lassen könntest, den du seit einiger Zeit mit dir trägst.

Stell dir vor, wie du dich fühlen würdest.

Befreit, leicht.

Vielleicht war es notwendig, den Rucksack eine Weile zu tragen.

Du hast so viel getan, wie du konntest.

"Nicht genug", sagst du, "schau, wie oft ich schwach war".

Du hast genug getan.

Du betrachtest diesen Rucksack von Außen
wie er so am Boden steht.

Vielleicht kannst du einige davon herausholen
und von allen Seiten betrachten. Vielleicht ist
einer weniger hässlich oder schwer als
erwartet.

**Es gibt vielleicht welche, die du heute
hierlassen kannst. Die du nie mehr tragen
musst.**

Du kannst dir auch vorstellen, wie du einigen
eine Farbe gibst oder die Form änderst.

Du packst nur noch die Steine rein, die dir
wichtig sind oder eine angenehme Bedeutung
haben. Den Rest gibst du einfach der Natur
zurück.

Du bist nicht das Steinchen in deinem Schuh

Stell dir vor, du hast ein paar schöne neue Schuhe gekauft, die du liebst, aber an dem Tag, an dem du sie tragen möchtest, hast du einen Kieselstein im Schuh.

Da du einen Termin mit wichtigen Menschen hast, gibt es keine Möglichkeit, sie auszuziehen.
Du leidest eine Weile, dann vergisst du das kleine Steinchen in deinem Schuh.

Wenn du endlich aus dem Meeting rauskommst, ziehst du dir deinen Schuh aus und du spürst sofort eine Verbesserung, eine Erleichterung, aber du merkst, dass dein Fuß einen Moment braucht, um sich wieder richtig frei zu fühlen.

Genauso ist es mit Dingen im Leben, die kleinen Dinge des Lebens, ein bisschen unbequem, ein bisschen störend aber man hat sich dran gewöhnt und wenn man sie doch zufällig los wird, merkt man erst, wie sehr sie doch gestört haben und warum man sie nicht viel früher los geworden ist.

Ist man sie los, hat man ein Stückchen Freiheit wieder gefunden.

Dein wahres Selbst ist frei und unabhängig von den kleinen und großen Lasten, die du auf deinem Weg des Lebens gesammelt hast.

Dein wahres ich ist:

vor, während und nach deinen Problemen, Ängsten und Zweifeln.

immer HIER.

Es lässt dich nicht im Stich.

Du bist nicht die Einsamkeit

Stell dir vor, das kleine Kind, der Teenager der du warst und der Erwachsene, der du bist und dann der alte Mensch, der du eines Tages sein wirst ....

werden **Hand in Hand um ein Feuer tanzen, das Feuer des Lebens**. Und sie werden wissen, dass sie nie allein waren. Sie waren immer miteinander verbunden, hielten Händchen, liebten und unterstützten sich.

Sie waren immer sie selbst, auch wenn es nicht so schien,

auch wenn es jemand verhindern wollte.

Auch jetzt, während du dir um Etwas Sorgen machst, ein jüngeres und ein älteres DU reichen dir die Hand.

Bei all den Komplikationen, die das Leben mit sich bringt, gibt es bei all dem nur einen Grund: das Leben möchte dich heilen damit du weißt wer du wirklich bist .... Und wahres Glück erlebst.

Mit Glück meine ich nicht, dass du fröhlich wirkst, wie ein Model für eine Werbung.

Wenn du als Kind fällst, will das Leben, dass du laufen lernst. Das macht dich nicht unbedingt glücklich...

... aber du lernst laufen, du gehst um schöne, aber auch traurige Orte im Leben zu erreichen. Um Dingen zu erleben. Um das Leben zu leben.

Allein die Tatsache, GEHEN zu können, ist etwas unglaublich Schönes, ein riesiges Geschenk.

Fragt man einen Menschen, der an Multipler Sklerose leidet und mittlerweile im Rollstuhl sitzt : „Was würdest du tun, wenn du wieder gehen könntest ?" Er könnte antworteten: „Ich würde **gehen**!"

Es ist eine so einfache Sache, die aus Gewohnheit nicht mehr geschätzt wird, aber für diesen Menschen laufen zu können wäre schon das größte Geschenk der Welt!

Das Leben ist nicht gegen dich.
Aber es kommuniziert mit einem Code, den wir seit unserer Kindheit als schmerzhaft empfinden. Wir möchten alles wissen, alles verstehen. So funktioniert es nicht.

Also: wenn das Leben jetzt, gerade wenn du Probleme hast, versuchen wollte, dich glücklich zu machen, was würdest du hinter dieser Härte anders interpretieren und was könnte die Botschaft sein?

Dies rechtfertigt nicht die Schwere der Handlungen derer, die dir zu Unrecht Schaden zugefügt haben!

Dies bedeutet auch nicht, dass du ALLES akzeptieren sollst!

Jeder muss die richtigen Konsequenzen für seine unbewussten Handlungen zahlen!

Aber in den Tiefen deiner selbst bist du unabhängig und lebendig, auch wenn andere Menschen dir viel genommen haben.

Und du hast das Recht, wieder zu leben.

Du hast das Recht, glücklich zu sein.

Du hast das Recht, frei zu sein.

Du bist wie ein Baum, der den Sturm überlebt hat, die Kälte, den trocknen Boden, verschmutztes Wasser ...
... alles Böse dieser Welt.

Trotz allem: Deine Wurzeln sind fest, dein Körper stark und deine Äste haben gelernt, flexibel zu bleiben. Sie strecken sich in jeden Winkel des Himmels aus, sie fanden alternative Wege, Lösungen, die vorher unvorstellbar waren, ...

Bleibe flexibel, wenn der Wind noch weht. Vielleicht verlierst du ein paar Blätter, aber so wie der Herbst geht, kommt das Frühjahr und manche Bäume leben so bereits tausende von Jahren

... du bist wie Gras auf der Wiese, ... wenn der Wind weht, scheinst du umzuknicken

aber auch wenn du keine tiefen Wurzeln hast,
du kannst aufstehen, als wäre nichts gewesen,
nur von nutzlosem Staub befreit.

Du bist nicht das, was man dir weggenommen hat

Du sagst, dir wurde alles genommen.
Aber was bleibt, wenn der Tsunami vorbei ist
und alles weggefegt hat?
Wer bist du wirklich, wenn du alles loslässt?

Stell dir nun vor, der Tsunami nimmt dir
alles, sogar deine Probleme. Aber du bleibst,
du lebst.

Frag dich stattdessen,

Was kannst du tun, wer bist du wirklich, was
kannst du neu anfangen, und was wurde dir
genommen, was sowieso zu viel war?

Du bist nicht die Angst vor der Dunkelheit

Stell dir vor, in deinem Inneren ist es wie in einem Raum voller Licht. Es sind deine Ressourcen, die Dinge, die dich einzigartig machen ... nur du kannst wissen, wo dieser Schalter ist.
Nur du kannst es ein- oder ausschalten.

Du sagst aber jetzt, du weißt nicht mehr, wo der Schalter ist. Weil äußere Kräfte, Menschen oder Situationen zu negativ waren oder immer noch sind.
Und du sagst, deshalb hast du dich in dich selbst verschlossen.

Gut. Stell dir nun einen beleuchteten Raum vor. Auch wenn um den Raum herum nur Dunkelheit herrscht, wenn man die Tür öffnet, tritt die Dunkelheit nicht ein und das Licht im Raum wird deshalb nicht weniger!

Ganz im Gegenteil dehnt sich das Licht
nach außen aus und der beleuchtete
Raum bleibt hell.

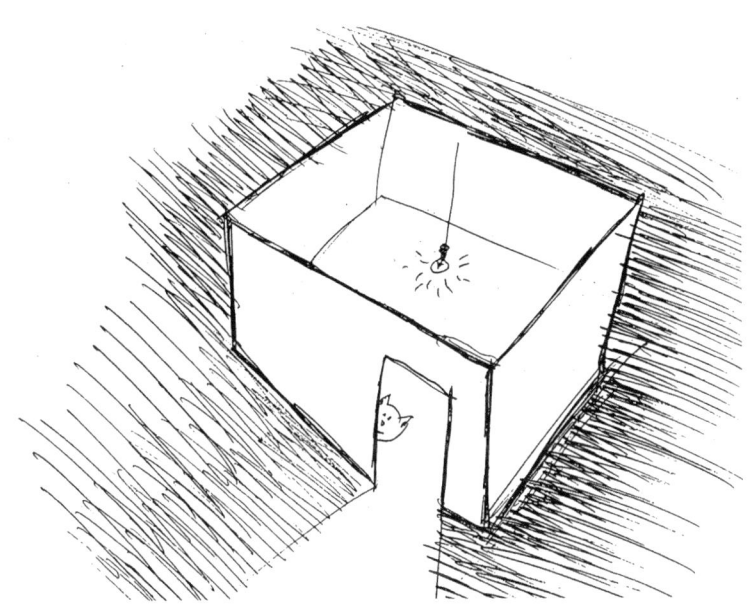

Lange Zeit musste man den Ballast tragen, der einen fest und sicher am Boden hält.

Wie ein Heißluftballon mit seinen Säcken am Korb, der somit über seinen ganz eigenen Ballast verfügt.

Wahrscheinlich sollte es so sein, dass du für eine sehr lange Zeit diese Last getragen hast.

Aber wenn du willst, **stell dir ab heute vor, die Ballastsäcke einzeln fallen zu lassen, die Seile zu lösen, um dann mit dem Ballon schwerelos höher zu steigen.**

Da du beim Fliegen lernen musst, das Feuer zu benutzen, dass den Ballon erhitzt, wird es vielleicht anfangs etwas schwierig sein.

Mit der Zeit wirst du zum Experten werden.

Du bist nicht diese Illusion

Wir denken oft, wir sehen eine Schlange,
stattdessen ist es ein Seil.

Die meisten unserer Ängste haben damit zu
tun, wie wir das Leben interpretieren.

Dies geschieht, weil unser Geist ständig
versucht, mögliche Gefahren zu finden.

Wir haben oft gute Gründe, in harmlosen
Dingen eine Gefahr zu sehen, zum Beispiel
durch Erfahrungen oder erlebte Traumata.

Eine gute Übung ist: In ruhigen Momenten,
in denen es keine wirklichen Gefahren gibt,
außer einer Angst, die dir in den Sinn kommt,
dich zu fragen:

dieser Gedanke von mir,
WER empfängt ihn?

Und antworte dir selbst: ICH.

UND WER BIN ICH?

Vielleicht wirst du nicht sofort eine Antwort auf die Frage: Wer bin ich? ... finden, aber immerhin fängst du an, eine gewisse Distanz zwischen DIR und deinen GEDANKEN zu spüren.

Dadurch wirst du in der Lage sein, immer autonomer zu werden und zu entscheiden, welchen Gedanken du Aufmerksamkeit schenken möchtest, und welchen nicht.

Wenn du dir oft die Frage WER BIN ICH? ... stellst, wirst du zu einer tieferen Wahrheit gelangen, die nichts mit Interpretationen der Realität zu tun hat.

Du bist Leben

"Was machst du jetzt im Leben?" wurde Natasha Campusch 15 Jahre nach ihrer Flucht aus der Gefangenschaft befragt. „Leben", antwortete sie.

Genauso ist es. Das ist genug.
Wir vergessen oft oder wir verstehen es nicht genug, dass wir selbst das Leben sind.

Du könntest morgens aufwachen und dich trotz aller Gedanken, die kommen, daran erinnern und freuen, dass du pures Leben bist. Wie wäre das? Anstatt gleich zu denken, was du alles tun musst. Dich erstmal freuen: ich lebe!!!

Wir sind der Beweis, Du bist der Beweis, dass Leben existiert. Nicht das Leben, das andere beschreiben oder das sie uns mit Gewalt aufzwingen möchten... nein, echtes LEBEN.

Leben hinter dem Leben.

Leben im Leben.

Aber wie es im Leben so ist, auch Angst, Desillusionierung oder Entmutigung gehören zum Leben dazu, wenn wir nicht lebendig wären, würden wir diese Gefühle nicht kennen.

Dies ist kein Grund, den Schatten dem Licht vorzuziehen, sondern ein Grund, freier zu leben.

Sag dir: Probleme, Ängste, Zweifel... Ich werde das Überflüssige los und freue mich, ich bin dankbar, überhaupt Leben zu dürfen, egal wieso weshalb oder warum ich auf die Welt kam.

Du bist auf deine perfekte Art unvollkommen

Fehler sind menschlich. Perfekt zu sein ist eine Illusion. Das Kind lernt laufen durch Versuch und Irrtum. Das bedeutet nicht, dass es nie wieder stolpern wird.

Fehler erinnern dich nur daran, dass du einiges schon gelernt hast. Sonst könntest du nicht sagen: es war ein Fehler.

Fehler sind die Türen zu mehr Menschlichkeit: aufzuhören, "Götter oder Roboter" zu sein, die immer alles richtig machen.

Du kannst nicht immer funktionieren...und musst du auch nicht.

Für schwerwiegende Fehler, die man macht, zahlt man hinterher trotzdem einen Preis oder trägt die Konsequenzen.

Aber niemals Fehler zu machen ist unmöglich und vor allem sind die meisten Fehler nicht mit Absicht.

Ein ganzer Charlie Chaplin-Film basiert auf Fehler. Kleine, lustige Zufälle und Fehler, die perfekt inszeniert sind.

Lerne, mit deinen Fehlern und Macken liebevoll umzugehen, sie zu akzeptieren oder bestenfalls darüber zu lächeln.

So viel Kunst und so viele Erfindungen basieren auf Fehler.

Vielleicht kochte einmal ein Mensch ein Gericht in Meerwasser und bemerkte, dass dieses Essen mit Salz besser schmeckte.

Lass deinen Bodyguard arbeiten

Dein Verstand ist wie ein Leibwächter, lass ihn arbeiten, wie er sollte, nimm nicht seinen Platz ein, mache nicht seinen Job.

Du musst die Gedanken und die Kontrolle des Bodyguards nicht ablegen und du musst nicht seinen Job machen,

sondern dich nur darauf konzentrieren, das Leben zu genießen.

Damit meine ich: dein Bodyguard wird trotzdem auf dich aufpassen, auf alle möglichen Gefahren, auch wenn du mal loslässt.

Du bist nicht der Bodyguard, du bist der Filmstar, der jetzt Interviews gibt oder über den roten Teppich geht oder sich in einem Hotelzimmer ausruht.

Du bist die Antwort

Stell dir vor, du suchst nach deinen Hausschlüsseln, die du nicht finden kannst, die sich aber irgendwo befinden. Ebenso wenn du deinen Frieden suchst, existiert er bereits irgendwo, jenseits deiner Suche.

Wenn du suchst aber du dir die falschen Fragen stellst oder an den falschen Stellen suchst werden die Antworten, die du erhältst, immer noch nicht die richtigen sein.

Das hindert nicht daran, die richtigen Antworten genau dort zu finden, wo sie darauf warten, entdeckt zu werden.

Wenn du in Dingen oder Menschen und Situationen um dich herum nach Antworten suchst, können die Antworten richtig oder falsch, tiefgründig oder oberflächlich sein.

Wenn dir andererseits klar ist, dass die Antwort DU bist und DEIN innerer Frieden DU BIST,

all die obsessiven Fragen in deinem Kopf oder das Bedürfnis nach Bestätigung von anderen Menschen lassen nach.

Du bist nicht deine Gewohnheiten

Du sagst: Ich bin schon zu viele Jahre traurig.
Oder: Ich rauche schon zu viele Jahre.

Aber wenn die Traurigkeit oder der Rauch
oder das Leiden eines Tages vergingen, wie du
dir wünschst, was würde dann bleiben?

Wenn du die Traurigkeit, deine Sucht oder
der Schmerz wärst, würdest du auch gehen,
wenn sie verschwinden.

Stattdessen bleibst du.

Also, **wer bist du ohne Sucht, Traurigkeit
oder Leiden?**

Alles was du denkst und schreibst war gestern anders und morgen könnte es sich auch ändern. Du bist nicht nur diese Gedanken. Gedanken sind zum Glück etwas, das sich ändern kann.

Der Verstand sollte für dich arbeiten, nicht du für ihn.

DU bist das Einzige, das nicht beeinflusst werden kann, das nicht durch deine Gedanken und Handlungen oder von anderen Menschen manipuliert werden kann, außer du lässt es zu, außer du identifizierst dich mit dieser Manipulation.

Dein Körper altert, deine Freunde gehen, die Zeit vergeht. All dies ist ein außergewöhnlicher Anblick. Auch diese Show wird eines Tages enden.

Aber tiefer, etwas Unsterbliches ist und bleibt das unerschöpfliche Geschenk, das du erhalten hast und dem du immer vertrauen kannst.

Die Menschen und die Tiere, die du gut behandelt hast, werden niemals deine Liebe vergessen.

Das ist, was du bist. Diese Liebe.

.

Du bist eine tiefere Stille

Du kannst alles haben, aber eine Leere spüren, die sich so anfühlt, als ob sie immer wieder gefüllt werden muss. Wie ein Loch in der Seele.

Und es gibt eine Leere, die nicht gefüllt werden muss, weil sie vollständig und unendlich frei ist. Sie ist wie der Himmel, unendlich, leer und frei.

Es gibt einen Frieden, für dem man kämpfen kann, aber nie wirklich das Gefühl gibt, endlich gewonnen zu haben.

Und es gibt einen Frieden, der tief in dir ununterbrochen vollkommene Ruhe schenkt.

Diesen Frieden spürst du, wenn du das Leben wahrnimmst, für das wie es wirklich ist, und nicht nur so, wie du es gerne hättest.

Stelle dir die Frage:

„Wer bin ich wirklich?" ... und du siehst,
keine Antwort ist befriedigend.

Für dein Kind, für deinen Partner, für deinen
Chef, für deine Eltern bist du jeweils was ganz
Anderes.

Wenn keine Antwort kommt, fühle sie, die
schöne Stille, eine Stille die keinen Hüter
braucht.

**Eine Stille, die dir sagt, du kannst alles
sein,**

vor allem DU SELBST, wie du wirklich bist,
wenn du keiner vorgefertigten Vorstellung
entsprechen musst.

Du bist Dankbarkeit

Wenn du erkennst, dass wir nicht unsere Gedanken sind,

dass zwischen dem wahren Selbst und Gedanken, Konzepten der Vergangenheit, eine Distanz besteht,

beginnst du nach ein wenig Übung eine Art Dankbarkeit zu spüren.

Dankbarkeit für Etwas, das uns sagt: Ja — du hast die Chance, du selbst zu sein.

Du kannst alle negativen Gewohnheiten von einen Tag zum nächsten ändern.

Manchmal nur durch Schritte und Etappen.

Manchmal sofort.

Manchmal zwingt dich das Leben dazu,
Dingen zu ändern.

Trotz aller Probleme, Ängste und
Unsicherheiten,
trotz aller negativen Gewohnheiten und
Konzepte,
gibt es etwas, was uns immer liebt.

Dafür sollten wir dankbar sein.

Der Konflikt ist eine Illusion

Es ist wie in den ersten Filmen, in denen die Leute dachten, der Zug, den sie auf der Leinwand sahen, würde sie überwältigen und sie sind aus dem Kinosaal rausgerannt.

Aber es war nur ein Film und der Regisseur saß in einer Ecke ganz entspannt, weil er genau wusste: kein Zug wird jetzt die Menschen überfahren. Er kannte die Wahrheit.

So ist es auch in uns.

Manchmal fühlst du vielleicht wie eine Art innerer Kampf,

man ist an etwas gewohnt, „so geht die Welt" und wenn etwas Neues kommt, ist man erschrocken oder man kann nicht so schnell diese alte Vorstellung loslassen und es entsteht ein Konflikt.

Dieser Konflikt existiert allerdings nicht wirklich. Die Wahrheit sitzt in uns ganz entspannt und lässt sich nicht zu sehr beeindrucken von allen möglichen Veränderungen um sie herum.

Das Kind wächst, es verändert seine Stimme, seinen Körper, seine Art zu denken.

Das beeinflusst nicht die tiefe Wahrheit, dass die Mutter das Kind liebt, egal wie sehr es sich verändert.

Du bist pure Freude

Wenn die Freude davon abhing, wie viel oder
was ein Mensch besitzt,

wenn tatsächlich alle Dinge, die man haben
kann uns glücklich machen sollen,

dann müsste es doch umso besser gehen je
mehr wir besitzen.

Stattdessen wissen wir alle, dass kein Mensch
glücklich ist, wenn er zum Beispiel nicht gut
schläft. Egal wie viel er besitzt.

Welch eine Freude, ohne Dilemma
einschlafen zu können, gut zu schlafen und
voller Lebenswillen aufzuwachen.

wenn man herausfindet, was wahre Freude ist,

was für eine Freude!

Wenn du entdeckst, dass auch kleine alltägliche Dinge schon so wertvoll sind ohne, dass du etwas dafür tun musst, desto klarer wird dir, dass dir nicht so viel fehlt, wie du denkst.

Und je klarer dir das wird, desto besser kannst du schlafen.

Und wenn du sehen könntest, wie friedvoll du schläfst, dann würdest du bemerken, dass du auch ein Teil dieser einfachen Dinge bist.

Du bist auch diese Freude.

Du bist einzigartig, du bist purer Ausdruck des Lebens.

Du bist

... Liebe, die den Hass wahrnimmt.

... Vergebung, die die Verteidigung anschaut.

... Hoffnung, die das Verzweifeln beobachtet.

... Vereinigung, die den Zwiespalt betrachtet.

... Glaube, der die Zweifel bemerkt.

... Licht, das die Dunkelheit durchbricht

... Leben, das den Tod umarmt.

Du bist unsterblich

Wenn alle Knoten, die das Herz festziehen, gelöst sind, wird all das, was wir als sterblich empfinden, unsterblich.

Wir verstehen wie wichtig das Leben ist, weil der Tod uns daran erinnert.

Wir verstehen wie wichtig die Nähe ist, weil wir die Distanz manchmal erleben müssen.

Wenn Distanz durch das Zusammensein nicht erreichbar ist, vereinen wir uns, indem wir getrennt bleiben.

Denn in Wirklichkeit nichts ist geteilt, alles ist eins.

Wenn sich alles, was uns zu trennen scheint, als Zaubertrick entpuppt wird, sind wir vereint.

Wenn Traurigkeit und Schmerz ihren Zyklus beenden,

wird das Gegenteil offenbart, das nicht das Gegenteil ist. Alles ist eins.

Wenn die Nacht erlischt, erhellt sich der Tag,

was nicht das Gegenteil der Nacht ist, sondern der Kreislauf des Lebens.

Du bist zeitlos

Ich glaube, dass das Leben nur versucht, uns in jeder Hinsicht die Wahrheit zu sagen. Und wenn wir nicht zuhören, greift das Leben zu drastischen, radikalen Lösungen.

Es hilft uns in jeder Hinsicht zu verstehen, was wichtiger, tiefer und wahrer ist als das, was wir für wahr halten.

Die Wahrheit zu entdecken kann schwierig sein. Aber gleichzeitig gibt es uns die Möglichkeit, uns von einer unwahren Sicht des Lebens zu lösen.

Und wenn wir diese Wahrheit trotz der Härte der Situation erahnen können, nähern wir uns der wahren Freude.

Die Freude, unsere tiefste Wahrheit zu verstehen. Dass wir das Leben sind und aufhören können, etwas sein zu wollen, dass wir nicht sind.

Das Leben selbst ist diese tiefe Freude, eine unzerstörbare Freude.

Was nicht heißt, immer glücklich zu sein, wie auf einem Werbefoto. Nein. Und es bedeutet nicht, 24 Stunden am Tag in einem Zustand der Meditation zu sein.

Es bedeutet, dankbar zu sein.

Eine Dankbarkeit für die verborgene Gnade, für dieses Geheimnis und die Gabe hinter den Dingen, selbst den schrecklichsten.

Nicht oberflächlich glücklich, nicht für einen Moment, sondern tief und zeitlos.

Ein unendliches Geschenk

Vielleicht denkst du: warum immer ich! ...
warum immer Probleme!

Wenn du dir sagen kannst: warte, was könnte
das Leben jetzt meinen, wovon spricht es?

... vielleicht kommt eine Antwort, nicht durch
Gedanken, sondern als stille und leise
Nachricht, wie wenn sich dein Hund oder
deine Katze nähert und du weißt, dass sie eine
Liebkosung wünschen, ohne Worte.

Wenn du zuhören lernst, kann sich der
Schmerz ganz oder zumindest teilweise in
Freude verwandeln.

**Weil du merkst, dass das Leben auf deiner
Seite ist.**

Unendliche Liebe

Oft verdammen wir uns selbst und denken: wie kann man diesen Zustand wieder finden, den man hatte, als man verliebt war und sich das so natürlich angefühlt hat.

In diesen Momenten ist alles großartig, man könnte fast Wasser in Wein verwandeln, man sieht nur das Beste vom anderen...

Diese Zeit, wo wir versuchen das Beste von uns für den anderen zu geben, wo wir neugierig sind für die Launen des anderen, wo wir dazu neigen, etwas zu vergeben.

Aber wahre Liebe ist eine Entscheidung. Ich beschließe zu lieben. Trotz allem. Ist das nicht ein Zeichen wahrer Liebe?

Und jetzt schau:
Genauso hat etwas entschieden, dich seit Tag Null zu lieben und es wird bis zum Ende nicht aufhören, dich zu lieben.

Und vielleicht wird es dich auch nach dem
Ende weiter lieben, nur auf eine andere Art.
Diese Liebe ist unabhängig von dem Leben,
dass außerhalb passiert oder wie du dich selbst
wahrnimmst, und ob du dich selbst liebst
oder nicht.

Dich selbst genauso bedingungslos zu lieben
ist eine Entscheidung, die du jetzt oder bald
auch treffen kannst.

Auch wenn du noch Zeit dafür brauchst,
etwas liebt dich trotzdem.

Das Leben gibt dir ständig Geschenke.

Diese sind manchmal sehr gut verpackt, aber sie enttäuschen uns oft, wenn wir sie öffnen, weil unsere Erwartungen nicht immer das sind, was das Leben von uns will.

Oder im Gegenteil, sie sind schlecht verpackt, wie Schmerz und Leid, die jedoch unerwartete Wahrheit und Freude im Inneren verbergen.

Wenn die Geschenke nicht verstanden werden, versucht es das Leben erneut, es muss sich andere Wege suchen, um uns klar zu machen, was wir wirklich brauchen.

Diese Phasen können wirklich unerträglich werden und es gibt Menschen, die gegen diese Signale ihr Leben lang kämpfen oder sich gegen die „Sprache" des Lebens wehren.

Aber gegen das Leben zu kämpfen bedeutet, von Anfang an zu verlieren.

Wenn du jetzt zurückblickst auf die Momente wo du einfach aufgehört hast Dinge erzwingen zu wollen und zugehört hast, was das Leben dir sagen wollte, hast du da vielleicht bekommen, was du wirklich brauchtest?

Vertraue dem Leben.
Vertraue deinem Geschenk.

Inhaltsverzeichnis

Danke.